SONNE · MOND
UND · STERNE

- *Erstes Lesealter*
- *Große Schrift*
- *Viele Illustrationen*
- *Bekannte Autoren*

Eva Eriksson

Stefans neue Jacke

Deutsch von
Angelika Kutsch

Verlag Friedrich Oetinger · Hamburg

Die schwedische Originalausgabe erschien bei
Almqvist & Wiksell Förlag AB, Stockholm,
unter dem Titel „Stures nya jacka“
Einbandgestaltung: Manfred Limmroth
Titelbild und Illustrationen: Eva Eriksson
Deutsch: Angelika Kutsch
Gesamtherstellung: Ebner Ulm
Printed in Germany 1989
ISBN 3-7891-1676-9

Stefan hat eine neue Jacke bekommen.
Es ist eine tolle Jacke.
Hübsch und praktisch, findet
Stefans Mama.
Sie hat die Jacke
im Ausverkauf gekauft.
Billig und gut.
Sie ist aus festem Stoff.

Stefan findet die Jacke auch gut.
Genauso,
wie Jacken immer sind.
Stefans alte Jacke
ist schon ganz kaputt.
Als er am nächsten Morgen
zur Schule geht,
hat er die neue Jacke an.
Er freut sich darüber.
Hübsch und praktisch,
das ist die neue Jacke.

Aber Egon findet das gar nicht.
Er findet,
das ist die komischste Jacke,
die er jemals gesehen hat.

„So eine Jacke kannst du doch nicht anziehen!
Das ist ja eine Mädchenjacke“,
sagt Egon.

„Ooooh!“ schreien gleich alle.
„Eine Mädchenjacke!
Stefan trägt eine Mädchenjacke!
Paßt bloß auf,
daß er euch nicht ansteckt.“
Und dann hüpfen sie herum wie Hühner
und wedeln mit den Armen.

Stefan trifft fast der Schlag.
Mannomann!
Hat er tatsächlich eine *Mädchen*jacke bekommen?

Jaa, wenn er genau hinschaut,
findet er auch,
daß sie fast wie eine Mädchenjacke
aussieht.
Wieso hat er das nicht vorher bemerkt?

Sie hat ihm doch so gut gefallen!
Und nun ist es auch noch eine
*Mädchen*jacke!
So eine Jacke kann man natürlich nicht
tragen.
Dann geht er lieber ohne Jacke.
Lieber frier ich mich tot,
als daß ich in einer Mädchenjacke
rumlaufe, denkt Stefan.
Das ist ja wohl klar.
Wie konnte Mama bloß so eine Jacke
für mich kaufen?
Wie konnte sie so blöd sein?
Er wird verrückt,
wenn er nur dran denkt.

Als Stefan nach Hause kommt,
ist er so wütend,
daß er Mama am liebsten beißen würde.

„Warum hast du mir bloß
so eine Jacke gekauft?“ schreit er.
„Die zieh ich nie wieder an!
Nie wieder!“
Und dann schmeißt er die Jacke
auf den Boden und trampelt
darauf herum.
Ordentlich fest tritt er zu.
Stefans Mama ist ganz überrascht.
Sie findet die Jacke durchaus
in Ordnung.
„In Ordnung?“ schreit Stefan.
„Weißt du, was das ist?
Eine Mädchenjacke ist das!
Mädchenjacke bleibt Mädchenjacke!
Soll ich etwa wie ein Mädchen
rumlaufen?“
So was Dummes hat Stefans Mama
noch nie gehört.

„Wer um alles in der Welt
hat denn behauptet,
daß diese schöne, praktische Jacke
eine Mädchenjacke ist?“ fragt sie.

„Niemand“, antwortet Stefan.
„Das sieht man doch.
Schon von weitem sieht man das.
Bist du blind?“
Stefans Papa hat auch noch nie
so was Dummes gehört.
„Gestern war sie doch ganz in Ordnung“,
sagt er.
„Gestern war es dunkel“, sagt Stefan.
„Da konnte man es nicht sehen.
Aber wenn es hell ist,
sieht man es
schon von weitem.“
Da sagt Stefans Mama,
es sei doch komisch,
sie habe mehrere Jungen
in so einer Jacke gesehen.

Und Stefans Papa sagt,
daß er mindestens zehn in genau
solchen Jacken gesehen hat.
Alles Jungen.

Aber das glaubt Stefan
keinen Augenblick.
Er zieht die Jacke jedenfalls
nicht mehr an,
bestimmt nicht.
Er nicht.

Am nächsten Morgen
zieht er seine alte Jacke an.
Der Reißverschluß ist kaputt,
aber das stört ihn nicht.
Aber da wird Stefans Papa
ordentlich böse.
„An der neuen Jacke
ist nichts auszusetzen!“
brüllt er.
„Du ziehst sie jetzt sofort an,
und dann will ich kein Wort mehr
darüber hören!“

Und schwups,
schon steht Stefan draußen
auf der Straße,
in seiner neuen, praktischen
Mädchenjacke,
und weiß gar nicht,
wie er so schnell hinausgekommen ist.
Er stöhnt.
Es ist bestimmt das allerletzte Mal,
daß er sie anhat.
Oh, wenn sie doch kaputtginge!
Wenn sie so richtig kaputtginge,
daß er sie nicht mehr anziehen müßte.

Stefan legt sich auf den Bauch
und rutscht die Felsen
hinter der Schule hinauf.

Dort sind alle seine anderen Jacken kaputtgegangen.
Er rutscht richtig rauf und runter.

Jetzt geht sie bestimmt kaputt, denkt er.
Und er rutscht
und rutscht.

Aber Stefans Jacke
ist nicht nur praktisch und gut.
Die ist auch noch aus einem herrlichen,
festen Stoff genäht.
Obwohl er den Felsen dreizehnmal
rauf und runter rutscht,
sieht man der Jacke nichts an.
Sie ist immer noch wie neu.
So was hat Stefan noch nie erlebt.
Noch nie hat er eine Jacke gehabt,
die so fest und haltbar war.

Stefan wird wütend.
Sogar die Knöpfe sitzen felsenfest.
Er kann daran reißen,
daß es knackt,
aber sie lockern sich nur ein bißchen.

Aber was hilft das schon?
Stefans Mama näht die Knöpfe
schnell wieder fest.
Mit einem besonders starken Zwirnsfaden.
Stefan stöhnt wieder.
Niemand kann Knöpfe annähen
wie seine Mama.
Die sitzen,
und das für den Rest des Lebens.
Nee, er muß sich was anderes
einfallen lassen.
Es muß doch einen Weg geben,
daß er nicht mehr in dieser
Mädchenjacke
zur Schule zu gehen braucht.
Er denkt nach,
daß es knirscht.

Am nächsten Morgen
ist Stefan etwas richtig Gutes
eingefallen.
Als niemand hinschaut,
zieht er blitzschnell zuerst seine alte
Jacke an.

Und genauso blitzschnell
zieht er die neue darüber.
Als alle Knöpfe zugeknöpft sind,
geht er hinaus und tut so,
als ob er ganz vergessen hätte,
wie schrecklich die neue Jacke ist.

Aber sobald ihn seine Mama
nicht mehr vom Fenster sehen kann,
schlüpft er in das nächste
Telefonhäuschen
und zieht blitzschnell
die Mädchenjacke aus
und stopft sie in die Tasche.

Und schwups, ist alles wie früher,
und nicht mal Egon wird was sagen.

So vergehen die Tage ruhig und schön. Und jeden Morgen verschwindet Stefan blitzschnell im Telefonhäuschen.

Jacke ausziehen,
in die Tasche stopfen,
und er ist wieder der alte.
Das macht richtig Spaß.
Bis es Dienstag wird.

Denn an diesem Dienstag
ist alles wie verhext.
Die alte Jacke ist nicht mehr da.
Nicht am Haken, nicht im Schrank.
Nirgends.
Weg ist sie.

„Ach die“, sagt Mama,
„die hab ich gestern abend
in den Mülleimer geworfen.
Die war ja ganz kaputt.
Du brauchst sie doch nicht mehr,
denn du hast ja deine neue Jacke.“
„Ich brauch sie nicht?“ schreit Stefan.
„Natürlich brauch ich die!“

Und dann rennt Stefan
die Treppen hinunter,
um die alte Jacke
aus dem Mülleimer zu holen,
ehe sie allzu furchtbar riecht.
Aber es ist ja Dienstag,
und alles ist wie verhext.

Stefan sieht gerade noch,
wie der Müllwagen seine Jacke
zusammen mit lauter ekelhaftem Zeug
verschluckt.
Seine schöne, alte Jacke!

So, so, denkt Stefan
und geht in das Telefonhäuschen.
Da steht er nun.
In die Schule geh ich nicht
in dieser Jacke.
Ich rufe einfach an und sage,
daß ich krank bin.
Aber während er noch überlegt,
welche Krankheit er haben könnte,
sieht er Egon um die Ecke
beim Gemüseladen schleichen.

Irgendwas ist komisch mit Egon.
Er sieht so anders aus als sonst.
Stefan guckt.
Und da sieht er es!
Egons Jacke!
Egon trägt genauso eine Jacke
wie Stefan.
Eine Mädchenjacke!

Egon schleicht sich ins nächste Haus.

Und schnell wie der Blitz
kommt er wieder heraus.
Aber jetzt schleicht er nicht mehr.
Jetzt geht er wie sonst,
und er trägt wieder seine alte Jacke.

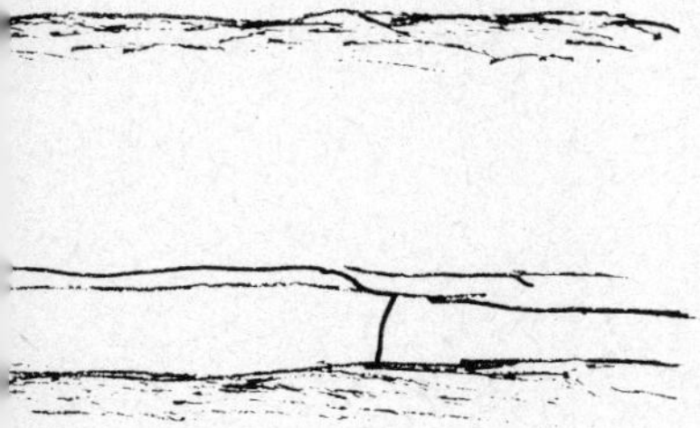

Da denkt Stefan nicht mehr länger
darüber nach,
welche Krankheit er haben könnte.
Stefan geht zur Schule
in seiner neuen, praktischen Jacke.

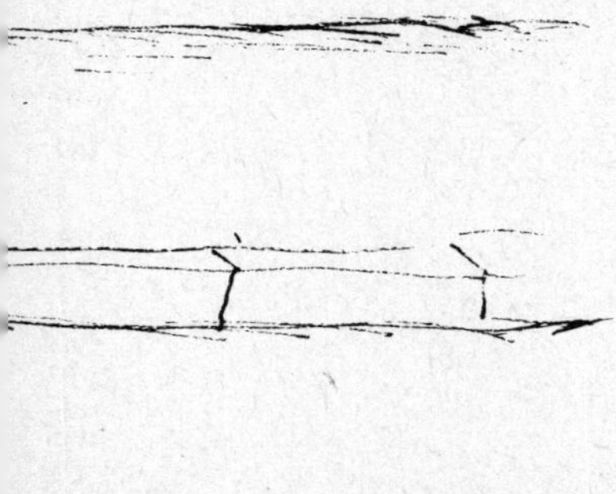

Und als die anderen anfangen
zu schreien
und mit den Armen zu wedeln,
als hätten sie Hühnerflügel,
da macht ihm das gar nichts aus.

„Das ist keine Mädchenjacke“,
sagt er nur.
„Das ist eine ganz normale Jacke,
die jeder anziehen kann.
Jungen und Mädchen.“

Und stellt euch vor,
sofort hören die meisten auf zu schreien!
„Genau“, sagt Egon.
„Zur Zeit sind solche Jacken modern.
In Amerika läuft jedes Kind
in so einer Jacke herum.
Das hat mein Bruder gesagt,
und der muß es wissen.“
Da hören auch die letzten auf
zu schreien.
Und dann ist alles wie immer.

Am nächsten Morgen
geht Stefan in seiner neuen, praktischen
Jacke zur Schule.
Egon hat auch seine neue, haltbare
Jacke an.

Unterwegs treffen sie Kurt und Oskar.
Und niemand schleicht.
Alle tragen schöne, neue Jacken,
die ihre Mamas letzte Woche
im Ausverkauf gekauft haben.

SONNE · MOND · UND · STERNE

Die Oetinger Kinderbuch-Reihe

Cora Annett
Armer Esel Alf

Gunilla Bergström
Guten Tag, Herr Zauberer

Kirsten Boie
Heinzler mögen saure Gurken

King-Kong, das Geheimschwein

Elfie Donnelly
Willi, Tierarzt für Kinder

Die getauschten Eltern

Das Weihnachtsmädchen

Eva Eriksson
Stefans neue Jacke

Weg da, wir kommen!

Lilo Fromm
Zottel und der Rabe

Hallo, Zottel! Hallo, Rabe!

Ursula Fuchs
Ich bin etwas, was du nicht bist

Sonntag ist Tina-Sonntag

James Krüss
Florian auf der Wolke

Angelika Kutsch
Micki malt das Meer

Astrid Lindgren
Ein Kalb fällt vom Himmel

Lotta zieht um

Pippi plündert den Weihnachtsbaum

Barbro Lindgren-Enskog
Ein Schwesterchen für Kalle

Die Geschichte vom kleinen Onkel

Boy Lornsen
Tim Träumer

Tante Jeske

Paul Maar
Die Eisenbahn-Oma

Das kleine Känguruh auf Abenteuer

Robert und Trebor

Tier-ABC

Die vergessene Tür

Der verhexte Knödeltopf

Erwin Moser
Paulis Traumreise

Christine Nöstlinger
Geschichten vom Franz

Neues vom Franz

Schulgeschichten vom Franz

Neue Schulgeschichten vom Franz

Ein Kater ist kein Sofakissen

Margret Rettich
Von ruppigen, struppigen Seeräubern

Teddy-Krimi

Vom Angeberfrosch und anderen Tieren

Stoffels Zettelkram

Renate Welsh
Das kleine Moorgespenst

Bettina Wölfel
Fabia hinter den Hügeln